L'ANGLOIS
A BORDEAUX,
COMÉDIE
EN UN ACTE ET EN VERS LIBRES,

Par le Sr. FAVART.

Repréſentée pour la premiere fois par les Comédiens François Ordinaires du Roi, le Lundi 14 Mars 1763.

A AVIGNON,

Chez LOUIS CHAMBEAU, Imprimeur-Libraire, près les RR. PP. Jéſuites.

───────────────

M. DCC. LXIII.

Avec Approbation & Privilège du Roi.

ACTEURS.

DARMANT,

LA MARQUISE DE FLORICOURT, Sœur de Darmant.

BRUMTON.

CLARICE, Fille de Brumton.

SUDMER, Ami de Brumton.

ROBINSON, Valet du Milord.

UN AUTRE VALET.

UN BORDELOIS.

La Scène est à Bordeaux dans la maison de Darmant.

L'ANGLOIS A BORDEAUX, COMÉDIE.

SCENE PREMIÉRE.

DARMANT, LA MARQUISE DE FLORICOURT.

LA MARQUISE

JE vous renonce pour mon frere.
Toujours penſif ! rien ne vous rit !
Vos priſonniers Anglois vous ont gâté l'eſprit
Vous n'êtes occupé que du ſoin de leur plaire.
Votre Milord Brumton vous rend atrabilaire.
DARMANT
Ma ſœur, je ſuis piqué, mais piqué juſqu'au vif ;
L'amitié du Mylord me ſeroit précieuſe ,
En tout, pour la gagner, on me voit attentif ;
Mais ſa fierté ſuperbe & dédaigneuſe
Rejette mes ſecours, s'indigne de mes ſoins,
Il aime mieux s'expoſer aux beſoins,
Rendre ſa fille malheureuſe ;
Il croit ſon honneur avili ,
S'il accepte un bienfait des mains d'un ennemi.
LA MARQUISE
Mais, mon frere, en cherchant à lui rendre ſervice ;
Ne ſongeriez-vous point à ſa fille Clarice ?
Cette Angloiſe eſt charmante !
DARMANT
Epargnez-moi, ma ſœur,

A 2

Et ne déchirez point le voile de mon cœur,
Si l'on me soupçonnoit... il est vrai, je l'adore,
Je veux me le cacher, je veux qu'elle l'ignore ;
L'amour dégraderoit la générosité.
LA MARQUISE
Qui vous fait donc agir ?
DARMANT
L'humanité.
J'ai plongé dans la peine une noble Famille,
Qu'une guerre fatale entraîne de regrets !
Brumton part de Dublin pour Londre, avec sa fille ;
Il embarque avec lui ses plus riches effets.
La Frégate que je commande,
Croisant sur les côtes d'Irlande,
Rencontre son vaisseau, l'atteint & le combat,
Brumton, qu'aucun danger n'allarme,
Soutient votre abordage & montre avec éclat
L'activité d'un Chef & l'ardeur d'un soldat ;
Il fond sur moi, me blesse & ma main le désarme,
Il veut braver la mort, je prends soins de ses jours,
A l'ennemi vaincu, l'honneur doit des secours.
LA MARQUISE
Fort bien, mon frere.
DARMANT
Enfin, nous avons l'avantage,
Son vaisseau coule à fond, & l'on n'a que le tems
De sauver sur mon bord les gens de l'équipage.
Je reviens à Bordeaux, où mes soins vigilans
De ces infortunés soulagent la misere ;
Mais Brumton se refuse à mes empressemens.
LA MARQUISE
Moi, j'aime assez ce caractere.
Il est brusque... mais il est franc.
Sa fierté qui paroît choquer la politesse,
Reléve en lui l'air de noblesse
D'un homme qui soutient son rang.
Si son maintien est froid.... ses yeux ont de la flamme ;
Et je lui crois une belle ame.
Il n'a pas quarante ans cet homme ?
DARMANT
Tout au plus.
LA MARQUISE
Devenez son ami.
DARMANT
Mes soins sont superflus ;
Ses principes outrés d'honneur patriotique,
Sa façon de penser qu'il croit Philosophique,
Sa haine contre les François,
Tout met une barriere entre nous pour jamais.

COMÉDIE.

Je prétends la briser: oui vous pouvez m'en croire.
    Pour vous, pour moi, pour notre gloire
    Il reviendra de sa prévention.
Il s'agit de l'honneur de notre Nation.
    Nous verrons donc ce Philosophe;
Et s'il veut raisonner, c'est moi qui l'apostrophe.
Je philosophe aussi, quand je veux, tout au mieux.
DARMANT
Plaisantez-vous ?
LA MARQUISE
    Moi ? point du tout mon frere,
    Et cela devient sérieux.
    Allez, allez, laissez moi faire.
    Doutez-vous des talens que j'ai ?
    Par un ridicule contraire,
   Un ridicule est souvent corrigé.
Vous voyez bien que je me rends justice ;
J'entreprends le Milord, vous poursuivez Clarice :
   Il est honteux pour vous, pour un François,
    D'aimer sans espoir de succès ;
Cependant, obligez le Mylord en silence,
    Et cherchez des moyens secrets.
DARMANT
J'ai déjà commencé ; mais n'en parlez jamais ;
D'un bienfait divulgué, l'amour-propre s'offense
Le valet Robinson est dans mes intérêts ;
Par son moyen, son Maître a touché quelques sommes
Sous le nom supposé d'un Patriote Anglois.
LA MARQUISE
Voilà comme il faudroit toujours tromper les hommes.
DARMANT
J'apperçois Robinson ; viens çà.

SCENE II.

DARMANT, ROBINSON, LA MARQUISE.

ROBINSON

Bon jour, Monsieur ;
Bon jour, Madame. Ah ! le bon frere
Que vous avez là ! le bon cœur !
Sans lui nous étions morts, j'espere
DARMANT
Paix ! je t'ai défendu....

L'ANGLOIS A BORDEAUX,
ROBINSON
Quel François obligeant!
Brave homme, toujours prêt à donner de l'argent;
Il est notre unique ressource.
Je crois toujours lui voir ouvrir sa bourse,
En me disant, tiens Robinson,
Prends, mon ami, prends sans façon.
DARMANT *lui donnant de l'argent.*
Prends donc & te tais.
ROBINSON
Oh! je n'ai garde de dire....
LA MARQUISE
Que fait ton Maître ?
ROBINSON.
Il pense.
DARMANT
Et Clarice?
ROBINSON
Soupire.
LA MARQUISE
Penser, soupirer! pauvres gens!
C'est fort bien employer le temps.
ROBINSON
Clarice s'amusoit à lire
Un de ces beaux Romans qu'on fabrique à Paris !
Tout en rêvant, s'est approché mon Maître :
Un ouvrage François ! dit-il, d'un air surpris ;
Et le Roman vole par la fenêtre.
LA MARQUISE
Cet homme a l'esprit juste.
ROBINSON
,, Occupez vous de Lock,
,, Ma fille ; lisez Clark, Swift, Nevvton, Bolingbrok.
,, Songez que vous êtes Angloise :
,, Apprenez à penser.... Puis ayant dit ces mots,
Il s'enfonce dans une chaise,
Pour réfléchir plus à son aise,
En décidant que vous êtes des sots.
LA MARQUISE
Cet homme est singulier.
ROBINSON
C'est la vérité pure,
Et je n'ajoute rien, Madame, je vous jure.
LA MARQUISE
Mais quelquefois, Mylord t'a-t'il parlé de moi ?
ROBINSON
Toujours beaucoup ; il dit, Madame...
LA MARQUISE
Quoi ?
ROBINSON
Il dit qu'il vous trouve bien folle,

COMÉDIE.

Et que c'est grand dommage.
LA MARQUISE
Bon !
Je conclus sur cela que mon esprit frivole
Va lui faire entendre raison.
DARMANT
Que pense-t'il de la lettre de change ?
ROBINSON
Il la croit véritable, & n'y voit rien d'étrange.
DARMANT
Elle est bonne en effet ; c'est de l'argent comptant.
ROBINSON
Pour toucher la somme, il m'envoye à l'instant.
DARMANT
Vas donc chez mon Banquier ; mais que chacun ignore...
ROBINSON
Ne craignez rien, j'ai fait passer encore
L'effet sous le nom de Sudmer,
Négociant de Londre & son ami très-cher :
Mon Maître convaincu qu'il lui doit ce service,
Hâtera le moment de lui donner Clarice.
DARMANT
Clarice à Sudmer ?
ROBINSON
Oui. Monsieur tout à la fois,
Au lieu d'une personne en obligera trois,
Et Clarice sur-tout qui deviendra sa femme...
DARMANT
C'en est assez, va t'en. (*A part.*) Quel coup fatal !

SCENE III.

LA MARQUISE, DARMANT.

LA MARQUISE

Comment ! vous travailliez au bonheur d'un Rival ?
Mais rien n'est si plaisa t.
DARMANT
Raffermissez mon ame,
Je crains de me trahir, & je dois résister.
Je suis impétueux, je me laisse emporter ;
Et vous sentez trop bien qu'il faut cacher ma flamme.
LA MARQUISE
Qu'elle éclate plutôt, livrez vous à l'espoir.
Quel est donc ce Sudmer ? Pour entrer en balance
Avec les agrémens que vous pouvez avoir ?
Vous méritez la préférence,

L'ANGLOIS A BORDEAUX,
Le don de plaire est votre lot,
L'excès de modestie est défaut à votre âge,
Soyez plus confiant, plus François en un mot :
Faites sentir un peu votre avantage.
DARMANT
Qui s'éleve est un fat.
LA MARQUISE
Qui s'abbaisse est un sot;
Cette délicatesse à la fin peut vous nuire,
Et vous avez besoin de vous laisser conduire.
Feu mon mari, le Marquis Floricourt
Qui passoit pour un agréable,
Me consultoit pour être aimable :
Je l'ai rendu l'homme du jour ;
Ainsi par mes conseils...
DARMANT
Souffrez que je m'en passe.
Tout ce que je demande est un profond secret.
LA MARQUISE
Eh ! bien, on se taira, Monsieur l'Amant discret,
Je vous livre à vous-même.
DARMANT
Oui, faites m'en la grace.
Tout espoir m'est ravi.
LA MARQUISE
Clarice vient à nous.

SCENE IV.

DARMANT. LA MARQUISE, CLARICE.

CLARICE
Madame, j'ai recours à vous.
Mon pere s'abandonne à la mélancolie.
Tout lui déplaît, l'inquiette, l'ennuie;
Hélas ! rendez son sort plus doux.
LA MARQUISE
Quoi ? Moi ? très-volontiers.
DARMANT
O Ciel ! que faut-il faire?
Parlez.
CLARICE
Je n'en sçais rien ; mais cependant j'espere.
Tantôt plongé dans un chagrin mortel,
Il vous entend de la salle voisine,
Jouer au Clavecin un Concerto d'Indel,

Et

COMÉDIE.

Et je vois éclaircir l'humeur qui le domine ;
Il écoute, il admire, & vos favans accords
　　Sont comme autant de traits de flamme.
Notre Musique Angloise excite ses transports :
Pour la premiere fois, je vois ici, Madame,
Le plaisirs dans ses yeux & le jour dans son ame.
　　　　　DARMANT.
　　Ma sœur, ma sœur, courez au Clavecin.
　　　　　LA MARQUISE
　　Monsieur Darmant, il n'est pas nécessaire :
Suivez votre projet ; pour moi, j'ai mon dessein.
Adieu. Qu'il est nigaud ! mais c'est pourtant mon frere.

SCENE V.

CLARICE, DARMANT.

DARMANT

Restez, belle Clarice ; ah ! que vous m'êtes chere
　　　　　CLARICE, avec fierté.
Moi, Monsieur ?
　　　　　DARMANT
　　　　　　　　Oui, vous, par l'attachement
Que vous montrez pour un si digne pere.
　　Je l'estime, je le révere.
　　　　　CLARICE
　　Il le mérite.
　　　　　DARMANT
　　　　　　　　Assurément ;
Mais toujours à mes vœux le verrai je contraire ?
　　　　　CLARICE
Vos vœux ? je ne vois pas que ce soit son affaire.
　　　　　DARMANT avec ardeur.
Ah ! l'amour !...
　　　　　CLARICE fiérement.
　　　　Quoi, Monsieur ?
　　　　　DARMANT se modérant.
　　　　　　　　　L'amour propre blessé
Devrait gémir dans mon cœur offensé,
Des efforts impuissants que j'ai faits pour lui plaire.
　　　　　CLARICE
Votre dépit s'exprime vivement.
　　　　　DARMANT, à part.
Je ne m'observe pas.
　　　　　CLARICE
　　　　　　　　Est-il quelque mystere ?

B

DARMANT
Quelque myſtere ? Nullement ;
Mais je ſais que Mylord me hait & me déteſte
Vous partagez ce cruel ſentiment ?
CLARICE
La haine ! ah ! c'eſt, je crois, le plus cruel tourment ;
Et mon cœur n'eſt point fait pour cet état funeſte.
(*à part.*) Je devrois fuir l'amour également.
Monſieur, croyez-vous que j'approuve
Ces injuſtes préventions ?
Qui diviſent nos Nations ?
J'honore la vertu par tout où je la trouve.
DARMANT, *vivement.*
Oui la vertu ; vous l'inſpirez,
Et votre Pere auſſi : c'eſt vous qui la parez,
Vous la repréſentez affable & circonſpect ;
Elle a pris tous vos traits, afin qu'on la reſpecte.
J'ai, pour ſervir l'Etat, recherché de l'emploi ;
Avec ardeur j'ai déſiré la guerre,
Vos malheurs l'ont rendue un vrai fléau pour moi ;
Et c'eſt depuis que je vous voi,
Que la paix me paroît le bonheur de la terre.
CLARICE
Je n'ai garde d'ajouter foi
A des paroles ſi flatteuſes.
C'eſt votre ſtile à tous. Votre premiere loi
Eſt de nous prodiguer des louanges trompeuſes ;
L'art dangéreux de la ſéduction
Eſt le trait principal qui vous caractériſe ;
Cet art que chez nous on mépriſe,
Fait partie, en ces lieux, de l'éducation :
Et cette fauſſeté que l'agrément déguiſe...;
DARMANT
Juſtement ; du Mylord voilà les préjugés :
Vous n'imaginez pas combien vous m'affligez.
Votre air de dédain m'humilie
Plus que l'excès d'un vrai courroux.
CLARICE
En critiquant votre patrie,
Je voudrois que le trait ne portât point ſur vous.
DARMANT
Quoi ! vous m'excepteriez ?
CLARICE
Non vraiment, je n'ai garde ;
Je voudrais ſeulement pouvoir vous excepter.
DARMANT
Mais, de ma bonne foi, qui vous ferait douter ?
Peut-on n'être pas vrai, lorſque l'on vous regarde ?
CLARICE
Ah ! vous reprenez le jargon !

COMÉDIE.
Dès ce moment je vous laisse.
DARMANT
Non, non
Encore un seul instant demeurez, je vous prie.
CLARICE
J'y consens; mais sur-tout aucune flatterie.
DARMANT, *très-modérement.*
Eh! bien, Clarice, je promets
Que je ne vous dirai jamais
Ces vérités qui vous déplaisent.
(avec une froideur contrainte.).
Il faut, à votre égard, que les désirs se taisent.
Vous leur imposez trop, & mon dessein n'est point...
CLARICE, *d'un air piqué.*
Ah! Monsieur, je vous rends justice sur ce point.
DARMANT
Vous avez bien raison, oui; mais daignez m'entendre:
L'estime peut unir des esprits opposés.
CLARICE
Oui: mais quand deux pays sont aussi divisés,
Il ne faut pas de sentiment plus tendre.
DARMANT, *Avec modération; mais cette modération, se perdant par degrés, mene à la plus grande vivacité pour finir la tirade.*
Aussi n'en ai-je pas. Je dirai cependant
Que le cœur n'admet point un pays différent.
C'est la diversité des mœurs, des caractères,
Qui fit imaginer chaque gouvernement;
Les loix sont des freins salutaires
Qu'il faut varier prudemment,
Suivant chaque climat, chaque tempéramment,
Ce sont des regles nécessaires,
Pour que l'on puisse adopter librement
Des vertus même involontaires;
Mais ce qui tient au sentiment,
N'a dans tous les pays qu'une loi, qu'un langage;
Tous les hommes également
S'accordent pour en faire usage.
François, Anglois, Espagnol, Allemand
Vont au-devant du nœud que le cœur leur dénote:
Ils sont tous confondus par ce lien charmant,
Et quand on est sensible, on est compatriote.
Malheur à ceux qui pensent autrement,
Une ame séche, une ame dure
Devrait rentrer dans le néant;
C'est aller contre l'ordre. Un être indifférent
Est une erreur de la Nature.
CLARICE, *avec vivacité.*
Il est bien vrai, Monsieur....

L'ANGLOIS A BORDEAUX,

D'ARMANT, *plus vivement encore.*

Ah ! Clarice !

CLARICE, *très-froidement.*

Il suffit.
Que voulez-vous prouver ? Que voulez-vous entendre ?

DARMANT

Moi ! j'ai trop de respect, je n'ai rien à prétendre.

CLARICE, *à part.*

Me serois-je trahie !

DARMANT, *à part.*

O ciel ! j'en ai trop dit;

CLARICE

Mais je crois que j'entens mon pere.

DARMANT

Ma présence
Pourroit l'importuner, & je dois l'éviter.
Je craindrais d'impatienter
Un sage, dont je veux gagner la confiance.

SCENE VI.

CLARICE, LE MYLORD.

LE MYLORD

On n'y sçauroit tenir : quel peuple ! quel pays !

CLARICE

Qu'avez vous donc encor, mon pere ?

LE MYLORD

Je me sens transporté d'une juste colere ;
Je ne vois que des jeux, je n'entends que des ris,
Chanteurs importuns ! doubles traîtres !
Avec leurs violons, leurs tambourins maudits,
Incessamment, exprès, passer sous mes fenêtres,
Pour me troubler dans mes ennuis.
Tous les jours des sauts, des gambades,
Et tous les soirs des sérénades.
Quand pourrai je sortir du cahos où je suis ?

CLARICE

Les François sont gais par usage :
De votre sombre humeur écartez le nuage.

LE MYLORD

Tandis que la Discorde en cent climats divers,
De tant d'infortunés écrase les asiles,
Le François chante ; on ne voit dans ses villes,
Que festins, jeux, bals & concerts.
Quel Dieu le fait jouir de ces destins tranquilles ?
Dans le sein de la guerre, il goûte le repos ;

COMÉDIE.

Sans peines, sans besoins & libre sous un Maître,
Le François est heureux, & l'Anglois cherche à l'être.

CLARICE
Vous pouvez l'être aussi.

LE MYLORD
     Ma fille laissez-moi,
J'ai besoin d'être seul.

CLARICE
    Toujours seul! & pourquoi....
(Le Mylord fait un signe de la main, & Clarice se retire.)

SCENE VII.

LE MYLORD, *seul.*

JE me vois retenu chez un peuple frivole,
Qu'on ne peut définir. Plein d'amour pour son Roi,
Tout entier à l'honneur sa principale loi,
Fidéle à ses devoirs; au plaisir son idole,
Des momens les plus chers il consacre l'emploi.
(Il s'assied, & après un moment de silence, il jette les yeux sur une pendule.)
 Tout ne présente ici qu'un luxe ridicule.
Quoi l'art a décoré jusqu'à cette pendule !
On couronne de fleurs l'interprête du tems,
Qui divise nos jours, & marque nos instans !
Tandis que tristement ce globe qui balance,
Me fait compter les pas de la mort qui s'avance,
Le François entraîné par de légers désirs,
Ne voit sur ce cadran qu'un cercle de plaisirs.
  O ciel ! est-il tourment plus rude ?
(Un Valet du Mylord entre avec des sacs.)
Qui vient encore ici troubler ma solitude ?
  Quoi ! toujours ! ah ! c'est de l'argent.
 Je le reçois dans un besoin urgent ;
Des secours étrangers il m'épargne la honte.
Tu ne t'es pas trompé ? sans doute, j'ai mon compte ?

LE VALET
Oui, Mylord.

LE MYLORD
   Relisons la Lettre de Sudmer.
O généreux Anglois, que tu me deviens cher !

    (Il lit.)
„ Mylord vous devez avoir besoin d'argent dans la
„ situation où vous êtes ; je vous envoye une lettre de

,, change de deux mille guinées. Je compte trop sur votre
,, amitié pour ne pas être sûr que vous n'offenserez pas
,, la mienne par un refus. Mon bras est assez bien remis,
,, je n'ai pas encore la liberté d'écrire moi-même ; ne me
,, faites point de réponse, je m'embarque pour la Caro-
,, line, nous nous verrons à mon retour.,,
(Après avoir lû, il dit :)

Les bienfaits de Darmant pour moi sont une offense;
Mais de ceux d'un ami l'on ne doit pas rougir.
Que mon sort est heureux ! d'ici je vais sortir :
Oh ! j'y mourrais d'impatience.
Porte ces sacs dans mon appartement ;
Et dis à Robinson d'aller en diligence
Chercher un autre logement,
Pour vivre seuls dans l'ombre & le silence.

SCENE VIII.

LE MYLORD, ROBINSON, LA MARQUISE.

LA MARQUISE

C'Est penser merveilleusement.
Vous voulez nous quitter : j'en décide autrement.
Vous paroissez surpris, Monsieur ?
LE MYLORD, *froidement.*
J'ai lieu de l'être.
LA MARQUISE
Vous êtes un singulier être.
Quoi ! depuis un mois environ
Que vous logez dans la maison....
LE MYLORD
C'est à mon grand regret.
LA MARQUISE
On ne peut vous connoître ?
Quatre ou cinq fois, je vous ai vû paroître :
Quatre ou cinq fois, vous avez dit deux mots,
Encore placés mal à propos.
LE MYLORD
J'en ai trop dit, Madame, & votre caractére
S'accorde mal, sans doute, avec le mien.
Je craindrois d'ennuyer.
LA MARQUISE
Il se pourroit très bien ;
Mais pour se rapprocher, se convenir, se plaire,
Fort souvent, il ne faut qu'un rien.
Vous avez ce qu'il faut pour être un homme aimable.

Et vous vous efforcez pour être insoutenable !
Oh ! je vous entreprends... mais écoutez-moi donc ;
Demeurez. Je le veux.
LE MYLORD
Madame prend un ton...
LA MARQUISE
Qui me convient, je suis femme & Françoise.
LE MYLORD, *regardant la Marquise avec un air d'intérêt.*
Tanpis.
LA MARQUISE
Tant mieux. Causons, Mylord, ne vous déplaise.
LE MYLORD
Je parle peu.
LA MARQUISE
Je parlerai pour vous ;
Et vous me répondrez, si vous pouvez.
(*Retenant le Mylord qui veut s'en aller.*)
Tout doux !
LE MYLORD
Je réponds mal.
LA MARQUISE
Eh ! bien, tout à votre aise ;
On ne se gêne point chez nous.
En qualité d'homme qui pense,
Je ne crois pourtant pas que Monsieur se dispense
D'éclairer ma raison, mon cœur & mon esprit ;
Vous êtes Philosophe, à ce que l'on m'a dit :
Communiquez un peu votre science.
LE MYLORD
Je pense pour moi seul.
LA MARQUISE
Ah ! qu'elle inconséquence !
En vain le Sage réfléchit,
Si la Société n'en tire aucun profit ;
On doit la cultiver pour elle, pour soi-même.
Eh ! laissez-là vos songes creux ;
La meilleure morale est de se rendre heureux.
On ne peut l'être seul avec votre système.
Mon instinct me le dit, & mon cœur encor mieux,
La chaîne des besoins rapproche tous les hommes,
Le lien du plaisir les unit encor plus.
Ces nœuds si doux pour vous sont-ils rompus ?
Pour être heureux, soyez ce que nous sommes.
LE MYLORD
O Ciel ! à des travers on me verroit soumis !
Madame, excusez-moi ; mais vous m'avez permis...
LA MARQUISE
Eh ! oui, de tout mon cœur j'excuse,
Ne nous ménagez pas, Monsieur, cela m'amuse,

LE MYLORD

J'en suis charmé, Madame, & selon votre avis
Je dois me réformer, devenir sociable,
Renoncer au bon sens pour être un agréable.

LA MARQUISE

Mais on gagne toujours à se rendre amusant.

LE MYLORD

Suis-je fait pour être plaisant ?
Connoissez mieux l'Anglois, Madame ; son génie
Le porte à de plus grands objets.
Politique profond ; occupé de projets,
Il prétend à l'honneur d'éclairer sa patrie.
Le moindre Citoyen, attentif à ses droits,
Voit les papiers publics, & régit l'Angleterre ;
Du Parlement compte les voix
Juge de l'équité des Loix,
Prononce librement sur la paix ou la guerre,
Pese les intérêts des Rois,
Et du fond d'un caffé, leur mesure la terre.

LA MARQUISE

Vous êtes en cela plus plaisant mille fois :
Trop au-dessus de nous sont ces graves emplois.
Libres de tout soin inutile,
Nos heureux Citoyens respirent le repos :
La surface des mers voit agiter ses flots ;
Mais la profonde arène est constante & tranquille.
Jouissez comme nous.

LE MYLORD

Mais d'un si doux loisir
Quel est le fruit ?

LA MARQUISE

Le plaisir.

LE MYLORD

Le plaisir !
J'entends, & si je veux vous plaire,
Il faut, comme j'ai dit, changer de caractère,
Jouer le rôle fatiguant
D'un joli petit-maître, & d'un fat élégant.
Ah ! lorsque de penser on a pris l'habitude....

LA MARQUISE

On est sot avec art, maussade avec étude.

LE MYLORD

Il faut avoir l'esprit bien faux,
Pour se prêter à cette extravagance.

LA MARQUISE

Je m'y prête bien, moi.

LE MYLORD

La bonne conséquence

LA MARQUISE

Si vous vous arrêtez à ces légers défauts ;

COMÉDIE.

Vous n'êtes pas au bout. La liste en est très-ample,
 Nous avons mille originaux.
Je pourrois vous citer... moi, Monsieur, par exemple...
   LE MYLORD
Je ne m'attendois pas à cette bonne foi.
   LA MARQUISE
Je parois ridicule à vos yeux, je le voi ;
Mais, tout considéré, quel est le ridicule ?
Sous des traits différens dans le monde il circule;
Mais au fond, quel est-il ? une convention,
Un phantôme idéal, une prévention ;
Il n'exista jamais aux yeux d'un homme sage :
  Se variant au gré de chaque nation,
  Le ridicule appartient à l'usage :
L'usage est pour les mœurs, les habits, le langage;
  Mais je ne vois point les rapports
  Qu'il peut avoir avec notre ame.
L'homme est homme par tout : si la vertu l'enflamme,
  C'est mon héros, je laisse les dehors.
  Quoi ! Toujours notre esprit fantasque !
Ne jugera jamais l'homme que sur le masque !
Nous avons des défauts, chaque peuple a les siens.
  Pourquoi s'attacher à des riens ?
 Eh ! oui, des riens, des miseres, vous dis-je,
Qui ne méritent pas d'exciter votre humeur ;
C'est d'un vice réel qu'il faut qu'on se corrige,
Les écarts de l'esprit ne sont pas ceux du cœur.
   LE MYLORD
 Comment ! vous êtes Philosophe !
   LA MARQUISE *gaiement.*
Moi ! je ne connois point les gens de cette étoffe
Ni ne veux les connoître, ils sont trop ennuyeux ;
Je cherche à m'amuser, cela me convient mieux.
   LE MYLORD *avec un peu d'humeur.*
Toujours l'amusement !
   LE MYLORD
    Oui Mylord hypocondre,
Je pourrois censurer les usages de Londre,
 Comme vous attaquez nos goûts ;
Mais je ris simplement & de vous & de nous.
 Que les Anglois soient tristes, misantropes,
  Toujours avec nous contrastés,
Cela ne me fait rien ; leurs sombres enveloppes
N'offusquent point d'ailleurs leurs bonnes qualités.
Ils sont francs, généreux, braves : je les estime.
   LE MYLORD *avec chaleur.*
 Quoi ! Vous estimez les Anglois ?
   LA MARQUISE
Assurément ! ils ont une ame magnanime,
De l'honneur, des vertus, & je fais d'eux des traits....
     C

LE MYLORD
Vous me charmez.
LA MARQUISE *à part.*
Bon, son humeur s'appaise.
LE MYLORD
Comment donc, vous pensez ?
LA MARQUISE
Qui ? Moi ? Je n'en sais rien.
LE MYLORD
Ah ! vous me séduiriez si vous étiez Angloise.
Je goûte dans votre entretien....
LA MARQUISE
Je ne veux point penser, Monsieur, c'est un ouvrage.
Ce que je dis, part de l'esprit, du cœur,
De l'ame, dans l'instant, en vous laissant l'honneur
D'une prétention qui ne convient qu'au Sage.
LE MYLORD, *prenant la main de la Marquise.*
Vous en avez, Madame, un plus grand avantage.
LA MARQUISE
Que faites-vous ? (*A part.*) Il est déconcerté.
LE MYLORD *à part.*
Je demeure interdit ; je crois, en vérité,
Que mon cœur malgré moi...
LA MARQUISE *à part.*
Cet essai m'encourage.
(*Haut.*) Mais je m'arrête ici, je pense qu'il est tard.
LE MYLORD *l'arrêtant*
Non, Madame.
LA MARQUISE
Excusez, on m'attend autre part,
Pour arranger un ballet agréable ;
C'est pour ce soir qu'on doit le préparer.
Vous seriez un homme adorable,
Si vous vouliez y figurer.
LE MYLORD
Vous vous mocquez, je pense, ou c'est mal me connoître.
LA MARQUISE
Pourquoi me refuser quand vous pouvez en être ?
Cessez de chercher des raisons
Pour nourrir chaque jour votre mélancolie.
Vous pensez, & nous jouissons.
Laissez là, croyez-moi, votre philosophie.
Elle donne le spléenne, elle endurcit les cœurs :
Notre gaieté, que vous nommez folie,
Nuance notre esprit de riantes couleurs,
Par un charme qui se varie :
Elle orne la raison, elle adoucit les mœurs ;
C'est un printems qui fait naître les fleurs
Sur les épines de la vie.

COMÉDIE.
LE MYLORD, à part.
Je risque trop à l'écouter,
Je ferai mieux de l'éviter.
(On entend le son des tambourins.)
Qu'entends je encor ! quel affreux tintamare !

SCENE IX.

LE MYLORD, LA MARQUISE, UN BORDELOIS.

LE BORDELOIS

Marquise, eh ! donc, nous allons répéter ?
LE MYLORD, à part.
Où fuir ?
LA MARQUISE
N'allez pas nous quitter.
LE MYLORD
Vous me ferez mourir.
LA MARQUISE
Vous êtes bien bizarre.
LE BORDELOIS
Le Mylord est des nôtres ?
LA MARQUISE
Oui.
Vraiment, je compte bien sur lui.
LE MYLORD
Epargnez-moi, je vous supplie.
LE BORDELOIS
Monsé dansé lé munuet.
LE MYLORD
Eh ! je n'ai dansé de ma vie.
LE BORDELOIS
En deux ou trois leçons nous vous rendrons parfait.
LE MYLORD
Mourbleu !
LA MARQUISE
Dissimulez votre misantropie.
(Bas au Mylord)   (Au Bordelois.)
Vous vous déshonorez. Allez, je vous rejoins.

SCENE X.

LE MYLORD, LA MARQUISE.

LA MARQUISE

Rendez-vous digne de mes soins.
Une heure ou deux je veux bien faire treve ;
Après cela, je vous enleve.

L'ANGLOIS A BORDEAUX,

Point de refus, ou bien vous me déplairiez fort ;
Je vous en avertis. Adieu mon cher Mylord.
Si nous extravagons, le plaisir nous excuse :
Bien fou qui s'en afflige, heureux qui s'en amuse.

SCENE XI.

MYLORD, *seul*.

M'EN voilà quitte par bonheur.
Mais je ne devois pas lui marquer tant d'aigreur ;
Car malgré son inconséquence,
Je m'apperçois qu'elle a bon cœur,
Et sans qu'elle y songe, elle pense.
Oui, je la jugeois mal, & je sens mon erreur.
Allons, allons, mylord, il faut que tu t'appaises ;
Fais effort sur toi-même, & pardonne aux Françoises.
On peut s'y faire... Ah ! j'apperçois Darmant,
Et sa présence est un tourment.

SCENE XII.

LE MYLORD, DARMANT.

DARMANT

MYLORD, je vous annonce une heureuse nouvelle.
C'est votre intérêt seul....

LE MYLORD

Abrégeons. Quelle est-elle !

DARMANT

Nous allons renvoyer des prisonniers Anglois
Pour pareil nombre de François ;
Je vous ai fait, Mylord, comprendre dans l'échange ;
J'ai tant sollicité....

LE MYLORD

Vous en ai-je prié ?

DARMANT

Je cherche à vous servir.

LE MYLORD *à part*.

Cet homme est bien étrange !

DARMANT

Quoi ! mon empressement....

LE MYLORD

M'a trop humilié :
Je ne veux rien devoir qu'à ma Nation même.
M'obliger malgré moi !

COMEDIE.
DARMANT
Quoi ! toujours dans l'extrême,
Vous ne prêtez à tout que de sombres couleurs !
LE MYLORD
J'ai fait des dépêches pour Londre :
Si la fortune à mes veux peut répondre,
Je trouverai sans vous la fin de mes malheurs ;
Je reste en attendant.
DARMANT *à part*,
Me voilà plus tranquille.
Avec regret je l'aurois vû partir. *Haut.*
Ma maison est à vous.
LE MILORD, *avec un soupir étouffé.*
Non, non ; j'en dois sortir.
DARMANT
Pourquoi chercher un autre asile ?
Qui pourroit ici vous troubler ?
A-t'on manqué d'égards ?...
LE MYLORD
C'est trop m'en accabler.
DARMANT
Vous ne me rendez pas justice. *A part.*
Auroit-il soupçonné mon amour pour Clarice ? *Haut.*
Quelque nouveau sujet excite votre aigreur ?
Ah ! je sçais ce que c'est ; vous avez vû ma sœur.
Ses airs évaporés & sa tête légere....
LE MYLORD
à part. Veut-il interroger mon cœur ?
DARMANT
Oui, je conçois qu'elle a pû vous déplaire.
LE MYLORD
A quoi bon votre sœur ? Je l'excuse aisément ;
Elle est d'un sexe...
DARMANT
Oui, mais son caractère....
LE MYLORD
M'en suis-je plaint ?
DARMANT
Non ; poliment....
LE MYLORD
Je ne suis point poli.
DARMANT
Sachez que son systême
Est de vous consoler, de vous rendre à vous-même.
Si je ne l'arrêtois, Monsieur, journellement
Vous seriez obsedé.
LE MYLORD
Monsieur, laissez-la faire.
DARMANT
Non, je lui vais défendre expressément
De vous revoir.

L'ANGLOIS A BORDEAUX,
LE MYLORD à part.
Ah ! quel acharnement !
DARMANT
Je cours pour l'avertir....
LE MYLORD
Il n'eſt pas néceſſaire.
DARMANT
Mais je dois réprimer l'indiſcrette chaleur....
LE MYLORD
Je ſais ce que j'en penſe, il ſuffit ; ſerviteur.
DARMANT
Je n'ai qu'un mot, après quoi je vous laiſſe.
J'aurois été jaloux d'avoir votre amitié ;
Mais je n'eſpére plus que votre haine ceſſe :
Du moins un peu d'eſtime, & je ſuis trop payé.
LE MYLORD
Eh ! malgré moi, Monſieur, vous avez mon eſtime:
Je ſuis votre ennemi, mais ſans vous mépriſer.
Je ne ſuis point injuſte, & ne puis refuſer
Ce qui me paroît légitime.
Mais pour mon amitié, ne l'eſpérez jamais.
Dans ces tems de diſcorde, entre Anglois & François,
Toute liaiſon eſt un crime :
De ſa patrie on doit prendre l'eſprit ;
Qui s'en écarte, la trahit.
DARMANT
Imitez donc votre patrie ;
Et des préventions dont votre ame eſt nourrie,
Connoiſſez enfin les erreurs.
Nous allons voir ceſſer les fléaux de la guerre,
La paix doit réunir la France & l'Angleterre.
Et nous allons bien-tôt jouir de ſes douceurs.
LE MYLORD
La paix ! la paix ! quelle chimere !
On ne peut jamais l'eſpérer.
Des intérêts puiſſans doivent nous ſéparer.

SCENE XIII.

LE MYLORD, UN VALET.

UN VALET

Mylord, un Anglois vous demande.
LE MYLORD
Un Anglois ! un Anglois ! qu'il entre, & promptement.

COMEDIE.

SCENE XIV.

LE MYLORD, DARMANT, SUDMER.

SUDMER, *gaiement & avec vivacité.*

Vive, Vive Mylord! ah! quel heureux moment!
Je vous retrouve & ma joie est si grande...
LE MYLORD
C'est vous, mon cher Sudmer!
SUDMER
C'est moi, certainement.
DARMANT, *avec étonnement.*
Sudmer! ah! quel événement!
SUDMER, *considérant Darmant.*
Mais c'est vous-même aussi, je pense.
C'est vous, voilà vos traits; je rends grace au hazard,
Cher Mylord, attendez.
LE MYLORD
D'où vient donc cet écart?
SUDMER
Le premier des devoirs est la reconnnoissance.
(*A Darmant.*)
Le sort en cet instant a rempli mon espoir.
DARMANT
Monsieur, je n'ai jamais eu l'honneur de vous voir.
SUDMER
Je suis assez heureux, moi, pour vous reconnoître.
DARMANT
Mais je n'ai point d'idée....
SUDMER
Aucune?
DARMANT
Point du tout.
SUDMER
Je ne me trompe point; & j'y crois encore être.
LE MYLORD
(*A part.*) Cet accueil n'est pas de mon goût.
(*Darmant veut se retirer.*)
SUDMER
Ne vous en allez pas.
DARMANT
Mais je dois par prudence...
SUDMER
Vous n'êtes pas de trop, cedez à mon instance,
Et songez que mes sentimens....
(*Au Mylord, en lui montrant Darmant.*)
C'est un homme des plus charmans.

L'ANGLOIS A BORDEAUX,

C'est un homme d'espece unique.
LE MYLORD
Charmant! charmant! parbleu, pour des êtres pensa
Voilà, sans doute, un beau panégyrique!
SUDMER
Qu'entendez-vous?
LE MYLORD
Cela s'entend sans qu'on l'expl
Un homme n'est jamais charmant en bonne part,
Et lorsqu'à la raison on veut avoir égard....
SUDMER
Je ne vois point à quoi cela s'applique.
(A Darmant.)
Remettez vous aussi mes traits;
Rappellez-vous que je vous dois la vie.
Vous changeâtes pour moi la fortune ennemie.
(Montrant son cœur.)
Voilà le livre où sont écrits tous les bienfaits.
Vous êtes mon ami, du moins je suis le vôtre;
C'est par vos procédés que vous m'avez lié.
Je m'en souviens, vous l'avez oublié:
Nous faisons notre change en cela l'un & l'autre.
DARMANT
Mais vous vous méprenez, Monsieur.
SUDMER
Moi, point du tout; moi, jamais me méprendre.
Quand la reconnoissance en moi se fait entendre,
Et m'offre mon libérateur,
Le sentiment me donne des lumieres;
Pour reconnoître un bienfaiteur,
Les yeux ne sont point nécessaires :
Je suis toujours averti par mon cœur.
DARMANT
Ah! je vois à peu près ce que vous voulez dire.
LE MYLORD
Moi, je ne le vois pas.
SUDMER
Je vais vous en instruire.
Nous devons publier les belles actions:
Je montois un vaisseau de trente huit canons,
Je fus, près d'une côte, accueilli d'un orage,
Terrible, violent beaucoup :
J'étois prêt à faire naufrage,
Et les François avoient de quoi faire un beau coup.
Aussi, Monsieur, en homme sage,
Lorsque les vents furent calmés,
En tira-t'il un très-grand avantage;
Et nous voyant démâtés, désarmés,
„ Je pourrois, me dit-il, prendre votre équipage;

Mais

COMEDIE.

„ Mais, pour en profiter, je suis trop généreux ;
„ On n'est plus ennemi lorsqu'on est malheureux.
Bref, il me soulagea, m'obligea de sa bourse,
Me rendit mes effets avec la liberté :
Les bienfaits, de son cœur, couloient comme une source.
Peut-on trop admirer sa générosité ;
   LE MYLORD, *avec humeur.*
Tout bienfait, avec lui, porte sa récompense,
On agit pour soi-même en agissant ainsi.
 (*Bas à Sudmer.*)
  Je suis forcé de l'admirer aussi :
  Mais sans tirer à conséquence.
   DARMANT
Jugez la Nation avec plus d'équité.
Comme François, mon premier appanage
  Consiste dans l'humanité.
Mes ennemis sont-ils dans la prospérité :
  Je les combats avec courage.
  Tombent-ils dans l'adversité :
  Ils sont hommes, je les soulage.
   SUDMER
Eh ! c'est ainsi qu'on pense avec un cœur loyal.
Je ne décide point entre Rome & Carthage :
  Soyons humains ; voilà le principal.
   LE MYLORD
Vous n'êtes pas Anglois.
   SUDMER
    Je suis plus ; je suis homme.
Qu'avez-vous contre lui ? Cette froideur m'assomme :
  Esclave né d'un goût national,
  Vous êtes toujours partial.
N'admettez plus des maximes contraires ;
 Et, comme moi, voyez d'un œil égal
 Tous les hommes qui sont vos freres.
J'ai détesté toujours un préjugé fatal.
Quoi ! parce qu'on habite un autre coin de terre,
Il faut se déchirer, & se faire la guerre !
  Tendons tous au bien général.
Crois-moi, Mylord, j'ai parcouru le Monde
Je ne connois sur la machine ronde
  Rien que deux peuples différens ;
Savoir, les hommes bons & les hommes méchans.
  Je trouve par tout ma patrie
  Où je trouve d'honnêtes-gens ;
  En Cochinchine, en Barbarie,
Chez les Sauvages même : allons soyons unis ;
  Embrassons nous comme trois bons amis.
 (*A Darmant.*)
Vous serez de ma nôce, au moins ;

DARMANT
Quoi?
SUDMER
Je l'exige.
Je vais me marier avec un vrais prodige,
Fille aimable, dit-on, & qui me plaira fort :
Je m'apprête à l'aimer. Quoi! cela vous afflige ?
DARMANT
Moi, je partage votre fort.
SUDMER
Point de partage, je vous prie,
Sur-tout si la fille est jolie.
DARMANT
Je respecte les nœuds dont vous serez unis.
LE MYLORD
Ma fille, de ce mariage,
Sans doute, sentira le prix ;
Je vais, sans tarder d'avantage,
La préparer en des instans si doux,
Sur l'honneur qu'elle aura de s'unir avec vous.

SCENE XV.

SUDMER, DARMANT.

SUDMER

Vous connoissez l'objet qu'on me destine ?
Hein ? Mais, mon cher François, qu'est-ce qui vous chagrine ?
Morbleu ! seriez-vous mon rival ?
Comment ? Cela m'est bien égal ;
Mais je veux savoir tout à l'heure....
DARMANT
Monsieur, sur ce sujet ne m'interrogez point.
SUDMER
Ma future chez vous demeure,
Et je veux m'éclaircir d'un point.
DARMANT
Monsieur, quoiqu'il en soit, vous n'avez rien à craindre.
Clarice est adorable, & je pourrois l'aimer,
Sans que vous eussiez à vous plaindre.
(A part.) Tâchons encor de me calmer.
SUDMER
Cependant je remarque un trouble.
Hein ? Parlez, hein ? Son embarras redouble.
DARMANT
C'en est assez. Adieu, Monsieur.

COMEDIE.

Jouiffez de votre bonheur,
Et de mes fentimens n'ayez aucun ombrage.
On peut aimer Clarice, on peut s'en faire honneur:
Je ne vous dis rien d'avantage.

SCENE XVI.

SUDMER, *feul*.

C'eft parler fiérement; je prétends découvrir....
J'ai des foupçons qu'il faut que j'éclairciffe.
Ah! j'apperçois Mylord, & fans doute Clarice.
Examinons un peu comme je dois agir.
On ne m'a point trompé : je la trouve fort belle,
Belle certainement !

SCENE XVII.

LE MYLORD, CLARICE, SUDMER.

SUDMER

Bon jour, Mademoifelle.
Je fuis Sudmer pour vous fervir,
Et je viens remplir votre attente;
Oui, oui, ma belle enfant, je vous époufèrai ;
Je dis plus, je fens bien que je vous aimerai :
(*au Mylord.*)
Autrement j'aurois tort. Je la trouve charmante.

CLARICE
Monfieur

SUDMER
Refte à favoir fi je vous conviendrai.
M'aimerez-vous auffi ?

CLARICE
Mais, Monfieur, je l'efpere.
Les volontés du Mylord font des loix.
La générofité de votre caractère,
Vos nobles procédés font honneur à fon choix ;
Et les vertus, fur mon cœur, ont des droits
Préférables à l'amour même.
Lorfque de la raifon on écoute la voix,
On eftime du moins en attendant qu'on aime.

D 2

SUDMER
 Oh! je suis votre serviteur.
En attendant! c'est bon pour qui pourroit attendre.
Mylord, je suis pressé; vous avez un vieux gendre
Qui n'a pas un instant à perdre, par malheur.
 Je ne crois pas que l'amour, à mon âge,
  Parle beaucoup en ma faveur;
C'est un arrangement que notre mariage.
Notre intérêt commun en aura tout l'honneur :
Cela ne suffit pas; je crois qu'elle est fort sage :
 Mais il se peut qu'un autre objet l'engage.
CLARICE
En tout cas, je saurois commander à mon cœur.
SUDMER
 Bon! voilà le même langage
 Que vient de me tenir Darmant.
LE MYLORD
Darmant!
SUDMER
  Elle rougit, & je vois clairement....
N'est-il pas vrai, chere future?
Il se pourroit par aventure....
Hein?
LE MYLORD
 Sudmer, de pareils soupçons....
SUDMER
Pour demander cela, Mylord, j'ai mes raisons.
LE MYLORD
Mais Darmant est François, & ma fille est Angloise;
Elle ne peut l'aimer.
SUDMER
   Conséquence mauvaise;
Les François ont toujours l'art de se faire aimer.
 Je les connois pour gens fort agréables,
 Et qui plus est encor, fort estimables;
Il est tout naturel de s'en laisser charmer.
LE MYLORD
 Je sais comme ma fille pense,
Je réponds de son cœur : oui, la reconnoissance
Qu'elle sent, comme moi, de vos rares bienfaits,
Doit l'attacher à vous tendrement pour jamais.
SUDMER
 Que parlez-vous de bienfaits, je vous prie?
CLARICE
Si ma main doit payer ces généreux secours....
SUDMER
Je ne vous entends point, & je n'ai de mes jours...
LE MYLORD
Vous même m'écrivez?

COMÉDIE.

SUDMER
Point de plaisanterie.
LE MYLORD
Moi plaisanter !
SUDMER
Vous êtes fou Mylord ;
C'est depuis quelques jours que je sais votre sort.
LE MYLORD
Mais cependant la chose est sûre,
Et votre lettre que voici ;
Tenez.
SUDMER
Que veut dire ceci ?
Ce n'est point là mon écriture.
LE MYLORD
Je le sais bien ; mais votre bras cassé...
SUDMER
Je n'ai pas eu le bras cassé.
LE MYLORD
Qu'entends-je ?
SUDMER
Certainement, vous n'êtes pas sensé.
LE MYLORD
Mais lisez donc, lisez. (*A part.*) Sa tête se dérange.
CLARICE
Assurément, je l'ai déjà pensé.
SUDMER
Je suis dans un courroux extrême.
Comment ! quelqu'un a pris mon nom
Pour faire une bonne action,
Que j'aurois pû faire moi-même ?
Morbleu ; c'est une trahison
Dont je prétends avoir raison.
Et vous avez reçu la somme ?...
LE MYLORD
Oui, d'un banquier.
SUDMER
Nommé ?
LE MYLORD
Monsieur Argant.
SUDMER
Il loge ?
LE MYLORD
Près d'ici.
SUDMER
Je vais trouver cet homme.
J'en aurai le cœur net ; je reviens à l'instant.

SCENE XVIII.
LE MYLORD, CLARICE.
LE MYLORD

Tout cela me paroît étrange !
D'où peut venir cette lettre de change,
Et ces autres effets que j'ai déjà reçus ?
Ce n'est pas de Sudmer ! je demeure confus.
Si ce n'est pas de lui, c'est d'un compatriote,
　　Qui veut m'obliger en secret.
Tel est l'Anglois, il cache le bienfait ;
Exactement j'en conserve la note,
　Pour m'acquitter de celui qu'on m'a fait ;
Pour un homme d'honneur, c'est le plus grand regret
　　Que de manquer à la reconnoissance,
Et payer un service est une jouissance.
　Je ferai tant que nous serons au fait.
　　Ah ! çà, venons à vous, ma fille :
Sudmer, par ses grands biens, releve ma famille ;
　　Il vous fait un état certain ;
Vous ne répugnez pas à lui donner la main ?
CLARICE
Je dois vous obéir.
LE MYLORD
　　　　　Vous soupirez, Clarice.
CLARICE
Oui mon pere, il est vrai.
LE MYLORD
　　　　　　Parlez sans artifice,
　　Parlez avec sincérité.
Ne dissimulez rien.
CLARICE
　　　　　M'en croyez-vous capable ?
　Je ne sais point trahir la vérité,
　　Et qui dissimule est coupable.
Je n'ai rien dans mon cœur que je doive cacher
　　Aux yeux indulgens de mon pere.
Est-il quelque secret, est il quelque mystere
Que dans son sein je ne puisse épancher ?
LE MYLORD
　A mes desseins vous verrois je contraire ?
CLARICE
Non, je veux me soumettre à votre volonté :
En Angleterre un cœur n'est point esclaves ;

Le pouvoir paternel est chez nous limité.
Mais ne soupçonnez pas que jamais je le brave.
  Périsse cette liberté
 Qui des parens détruit l'autorité.
  Ah ! je le sens, un pere est toujours pere.
Sur des enfans bien nés il conserve ses droits.
Quand le devoir en nous grave son caractere,
Rien ne peut effacer cette empreinte si chere.
En vain la liberté veut élever sa voix,
  Et dans nos cœurs exciter le murmure ;
La loi nous émancipe, & jamais la Nature.
   LE MYLORD
 Vous pensez bien ; mais, dites-moi,
  Où nous conduit cet étalage ?
Sudmer vous déplait-il ?
   CLARICE
    Non, mon pere, mais...
   LE MYLORD
     Quoi ?
   CLARICE
J'épouserai Sudmer, si c'est votre avantage.
   LE MYLORD
J'ai donné ma parole.
   CLARICE
    Il aura donc ma foi.
Mais un autre a mon cœur.
   LE MYLORD
    Expliquez ce langage ?
Epouser celui-ci, pour aimer celui-là !
Vous vous formez, ma fille, & j'apperçois déjà
Que de ce pays-ci vous adoptez l'usage.
 S'il vous plaît rien de tout cela.
 Quel est le nom du personnage ?...
Dites le moi.
   CLARICE
   J'en aurai le courage.
 Malgré moi mon cœur s'est soumis.
Les vertus d'un François....
   LE MYLORD
    Un de nos ennemis !
   CLARICE
Il ne l'est point ; c'est Darmant, c'est lui-même.
   LE MYLORD
 Qu'ai je entendu ? Ma surprise est extrême.
Je vois quel est le but de ses empressemens.
   CLARICE
Arrêtez. Vos soupçons seroient trop offensans.
Rien ne m'a fait jusqu'ici fait connoître qu'il m'aime :
L'estime, le respect sont les seuls sentimens
  Qu'il ait osé faire paroître.

Rien auſſi de ma part n'a pû faire connoître
Le trouble ſecret de mes ſens.
LE MYLORD
A la bonne heure. Eh! bien puiſque je ſuis le maître,
Vous aimerez Sudmer, & je l'ai décidé.
Songez-y bien ; j'ai commandé.

SCENE XIX.

LE MYLORD, SUDMER, CLARICE.

SUDMER
Ma foi! moi n'y puis rien comprendre.
J'ai vû votre banquier, votre donneur d'argent ;
Il m'a reçu d'un air fort obligeant.
Mais, il bat la campagne, & n'a pû rien m'apprendre.
Il m'a dit ſeulement qu'en cette maiſon ci,
Par un valet Anglois, je ſerois éclairci.
LE MYLORD
C'eſt mon valet, ſans doute.
SUDMER
Il peut donc nous inſtruire.
LE MYLORD
Robinſon.

SCENE XX.

LE MYLORD, SUDMER, CLARICE, ROBINSON.

ROBINSON
Mylord!
LE MYLORD
Viens ici.
Il faut tout à l'heure me dire
D'où vient l'argent que tu m'as apporté ;
Ne cache point la vérité ;
Tu ſais, dit-on, tout le myſtere.
ROBINSON
Mylord, c'eſt un de vos amis.
LE MYLORD
De Sudmer ?
ROBINSON
Oui, la choſe eſt claire.
SUDMER

COMÉDIE.
SUDMER
De moi, Maraud, de moi!
ROBINSON, *à part.*
Me voilà pris
SUDMER
Je te surprends en menterie;
C'est moi qui suis Sudmer.
ROBINSON
Monsieur j'en suis charmé.
Comment vous portez-vous?
SUDMER
Qui peut avoir tramé
Une pareille fourberie?
Coquin! j'ai donc le bras cassé?
Oh! je te ferai voir...
ROBINSON
Doucement, je vous prie.
Quoi ce n'est donc pas vous dont le cœur bien placé...
SUDMER
Non, non, certainement.
ROBINSON
Eh! bien, c'est donc un autre.
SUDMER
Qui donc a pris mon nom?
ROBINSON
Un nom tel que le vôtre
Doit faire honneur à l'amitié.
LE MYLORD
De ce complot, le traître est de moitié!
Déclare vîte, ou je t'assomme.
ROBINSON
Vous m'allez ruiner.
LE MYLORD
Comment?
ROBINSON
Oui, c'est un fait.
De tems en tems, je reçois quelque somme
Pour m'engager à garder le secret.
LE MYLORD
Ah! tu connois donc?
ROBINSON
Oui, c'est un fort honnête homme,
Qui veut vous obliger, & sans être connu.
Vous savez bien, Mylord, que je suis ingénu.
Il m'a séduit, & pour lui plaire,
Robinson est fourbe & faussaire.
Oui, c'est de moi que vient toute l'invention.
Mais c'étoit, je proteste, à bonne intention.
LE MYLORD
En un mot, quel est-il?

E

ROBINSON
Eh! bien, c'est, c'est... notre hôte.
LE MYLORD
Darmant!
CLARICE
Darmant!
LE MYLORD
L'auteur d'une telle action!
Ah! malheureux!
ROBINSON.
Je reconnois ma faute.
LE MYLORD
Tu mérites punition.
Ecoute, aimeroit-il ma fille?
ROBINSON
Oh! point du tout, Mylord; il n'oseroit.
C'est générosité toute pure qui brille,
Dans ce que pour vous il a fait.
LE MYLORD
Vous, Clarice, êtes-vous instruite?
CLARICE
Non, je vous jure, & je suis interdite.
LE MYLORD
Je ne comprens rien à cela!
En vérité, son procédé m'étonne!
SUDMER
Moi, point m'en étonner; je la reconnois là :
Et d'avoir pris mon nom, très-fort je lui pardonne.
LE MYLORD, à Robinson.
Je te fais grace; mais ne lui parle de rien.

SCENE XXI.

les Acteurs précédens, LA MARQUISE, DARMANT.

LA MARQUISE

La Paix est sûre, elle est ratifiée.
Je me fais un plaisir de la voir publiée.
La Paix! ce mot seul fait du bien :
Elle est de l'Univers le plus tendre lien :
La foule avec transport inonde chaque rue,
Sans être coudoyé, l'on ne peut faire un pas.
Sans se connoître on se salue,
On parle, on s'interrompt, on ne se répond pas;
La joie en tous lieux répandue,
En animant les cœurs, égale les états.
CLARICE
Ce spectacle est charmant, j'en serois attendrie.

COMEDIE.
LA MARQUISE
Je viens vous chercher tout exprès,
Pour que vous & Mylord examiniez de près
Le pouvoir qu'a sur nous l'amour de la Patrie.
Le vrai contentement déride tous les traits :
La brillante gaieté, ce fard de la Nature,
Rajeunit les Vieillards, leur donne un air plus frais ;
D'un coloris si doux la teinte vive & pure
    Par-tout imprime ses traits ;
C'est le bonheur qui fournit la peinture,
Et le plaisir de l'ame embellit les plus laids.
    La Marchande dans sa boutique
    Etale ses colifichets,
Répéte à tout moment, la Paix, la Paix, la Paix !
De Messieurs les Anglois j'aurai donc la pratique :
Et sa petite fille, avec un air comique,
Dit : ah ! Maman, comment c'est il fait, un Anglois ?
On rencontre plus loin des chansonniers bien ivres ;
Raclant du violon & braillant des couplets,
    Bons, excellens, quoique mauvais,
    Et qui surpassent de gros Livres,
    Parce que le cœur les a faits.
En un mot, vous verrez que nous autres François,
Notre plus grand plaisir est d'adorer nos Maîtres ;
C'est l'amour qui prend soin d'éclairer nos fenêtres.
    Le sentiment, voilà notre premiere loi :
    Eh ! qui l'éprouve plus que moi ?
    Je danserai la nuit entiere :
Je donnerai le ton, & serai la premiere
    A bien crier, vive le Roi !
LE MYLORD
Vous m'enchantez, Madame la Marquise :
De mon esprit chagrin vous changez la couleur ;
Je sens la gaieté, qui vous caractérise,
Ne peut se rencontrer qu'avec un très-bon cœur.
Darmant, vos Nations sont réconciliées :
Par vos traits généreux vous m'avez corrigé ;
Et l'amitié surmonte enfin le préjugé :
Que par cette amitié nos maisons soient liées.
DARMANT
Ah ! Mylord je vous suis attaché pour jamais.
LE MYLORD
Ces secours détournés qu'avec tant de noblesse
Vous m'avez sû fournir par des moyens secrets,
Pour ne point faire ombrage à ma délicatesse,
Je les acquitterai bien-tôt grace à la Paix :
Mais mon cœur en paiera toujours les intérêts.
DARMANT
Daignez me regarder comme de la Famille.

LE MYLORD
Monsieur, pour vous marquer combien vous m'êtes cher,
Vous signerez le contrat de ma Fille,
Que dès ce soir, je marie à Sudmer.
LA MARQUISE, *riant*.
A cette faveur-là mon frere est bien sensible.
DARMANT, *à part*.
O Ciel !
LE MYLORD
Darmant soupire, & la Marquise rit !
Mais cela n'est pourtant ni triste, ni risible.
LA MARQUISE
Mais c'est que mon cher frere est sot, sans contredit:
Je m'y connois; tenez, admirez la statue !
DARMANT, *à part*.
Ma sœur.
SUDMER
Mais en effet, lui paroître interdit.
LA MARQUISE
C'est qu'il est amoureux de votre prétendue;
Mais grave soupirant, discret, silencieux,
Le respect a toujours étouffé sa parole,
Et tristement comme une idole,
Son amour n'a jamais parlé que par ses yeux.
SUDMER
Mylord, je pourrois faire une grande sottise
D'épouser votre fille : elle est fort à ma guise :
Mais, Monsieur, pourroit bien être à la sienne aussi;
Un petit peu, n'est-ce pas ? Hen ? Je pense,
Et je vois que, dans tout ceci,
Mon rival doit, au fond, avoir la préférence.
Sous mon nom il a sçû saisir l'occasion
D'avoir pour vous, Mylord, un procédé fort bon,
Si je deviens le mari de Clarice :
Il est homme, peut-être, à rendre encor service :
Je suis accoutumé d'être son prête nom.
LE MYLORD
Darmant, je vous prends pour mon gendre.
CLARICE
Ah ! mon pere.
DARMANT
Ah ! Monsieur, en cet heureux instant,
Que j'ai de graces à vous rendre !
Je suis de l'Univers l'homme le plus content.
SUDMER
Cette alliance est fort bien assortie.
DARMANT
Ma sœur, en même-tems, devroit
Consentir à vous être unie ;
Ce double hymen ne laisseroit
Aucun soupçon d'antipathie.

COMEDIE.

LA MARQUISE
Je craindrois que Mylord ne fût triste & jaloux.
LE MYLORD
La proposition, il est vrai, m'intimide;
Mais cependant, Madame, croyez-vous
Qu'une Françoise, ayant l'esprit vif & rapide,
Puisse y joindre en effet, par un accord bien doux,
Un caractere assez solide
Pour faire constamment le bonheur d'un époux?
LA MARQUISE
Avant que de répondre, en faisant mon éloge,
Souffrez, de mon côté, que je vous interroge.
Croyez-vous qu'un Anglois, qui toujours réfléchit,
En prenant une femme aimable & vertueuse,
Ait assez de douceur, de liant dans l'esprit
Pour la rendre constante en la rendant heureuse;
Pour qu'elle s'applaudisse, enfin, d'être avec lui?
On ne peut guère avoir une femme fidelle,
Qu'en attirant l'amusement chez elle.
Le manque de vertu vient quelquefois d'ennui.
LE MYLORD
Marquise, courons-en les risques l'un & l'autre;
Vous verrez un amant dans un époux soumis,
Et quand la paix confond ma patrie & la vôtre,
Tous mes préjugés sont détruits.
SUDMER
Daignez, mon cher Darmant, en cette circonstance,
Me soulager du poids de la reconnoissance:
Je sens que je suis vieux, je me vois de grands biens;
Je n'ai point d'héritier, soyez tous deux les miens....
Point de remercimens, ce seroit une offense.
C'est vous, c'est vous qui me récompensez;
Mais j'entends retentir les cris de l'allégresse:
Courons tous: le plaisir du cœur
S'augmente encor par le commun bonheur.
LA MARQUISE
Mylord, j'en pleure de tendresse;
Le courage & l'honneur rapprochent le pays;
Et deux Peuples égaux en vertus, en lumieres,
De leurs divisions renversent les barrieres,
Pour demeurer toujours amis.

DIVERTISSEMENT.

On entend une Symphonie & des acclamations qui annoncent une Fête publique.

Le Théâtre représente la vue du Port de Bordeaux. On voit des Vaisseaux ornés de Guirlandes & de Banderoles. Des Peuples de différentes Nations exécutent une Fête. Anglois, François, Espagnols, Cantabres, Portugais, &c. caractérisés par des habits Pittoresques, composent diverses danses variées à la mode de leur pays, au bruit des salves d'Artillerie. On chante ; toutes les Nations s'embrassant ; la Fête se termine par un Ballet général.

RONDE.

Nous avons la Paix,
Nos craintes cessent,
Les Jeux renaissent :
Nous avons la Paix :
Ce jour est le jour des bienfaits.
Nos maux finissent,
Nos cœurs s'unissent,
Vivons en freres :
Jamais de guerres :
Que le François devienne Anglois ;
Et l'Anglois, François.

AU CŒUR.

Par nos accords,
Par nos transports,
Nous donnons un exemple au Monde :
Peuples divers :
De l'Univers,
Venez danser en Ronde.

AU CŒUR.

Nous avons étouffé la haine ;
Une égale ardeur nous entraîne.
Embrassons-nous ; Embrassons-nous ;
Le même nœud nous unit tous.
Formons une chaîne
Qui dure à jamais.

COMEDIE.

VAUDEVILLE.

Voici le jour de l'allégreſſe ;
  Le plus beau de nos jours ;
Plus de ſoucis, plus de triſteſſe,
  Regnez, Plaiſirs, Amours ;
Chacun répéte avec ivreſſe ;
Ce mot ſi cher, ſi plein d'attrait,
  La Paix, la Paix.
  La Paix, la Paix.

Gens à Manteau, Gens de Finance,
  Nous gémiſſons pour vous ;
Nos Officiers par leur préſence
  Vont vous éloigner tous ?
Le mal n'eſt pas ſi grand qu'on penſe ;
Si vous voulez être diſcrets,
  Eh ! Paix, Paix, Paix !
  La Paix, la Paix.

Ne ſoyez plus, Sageſſe auſtere,
  En guerre avec l'Amour,
C'eſt un enfant, laiſſez-le faire :
  Paſſons lui quelque tour.
Eſt-ce le tems d'être ſévère,
S'il lance en cachette ſes traits ?
  Eh ! Paix, &c.

Accourez tous près de vos Belles,
  Volez, Guerriers, Amans,
Elles vous ſont toujours fidelles,
  Croyez-en leurs ſermens :
Conſolez donc vos Tourterelles,
Mais ſans demander leurs ſecrets.
  Eh ! Paix, &c.

Laiſſons la fraude & l'artifice,
  Terminons tous procès ;
Venez ici Gens de Juſtice ;
  Et ſuſpendez vos frais.
Pour que chacun ſe réjouiſſe,
Avocats, laiſſez le Palais :
  Eh ! Paix, &c.

Pourquoi toujours s'entredétruire,
  Sçavans & beaux eſprits,
Tout céderoit à votre empire,
  Si vous étiez unis :
Vous vous livrez à la ſatyre,

L'ANGLOIS A BORDEAUX,

N'avez-vous pas d'autres objets ?
Chantez la Paix,
Chantez la Paix.

Un mari, pour une grisette,
Néglige sa moitié :
Sa femme, tant soit peu coquete,
A fait une amitié.
De part & d'autre l'on se prête,
On n'aprofondit point les faits.
Eh ! Paix, &c.

LE MYLORD, *à la Marquise.*

Plus entre nous d'antipathie :
Vous avez trop d'attraits.
Toute raison n'est que folie,
Quand elle est dans l'excès.
Femme d'esprit, femme jolie
Ramene à des principes vrais.
Allons, la Paix, &c.

Faisons revivre l'harmonie
Du commerce & des arts,
Et que la paix toujours chérie
Regne de toutes parts.
Ne faites plus qu'une patrie,
Espagnols, Anglois & François.
Eh ! Paix, &c.

SUDMER

Galans barbons qu'Amour inspire,
Ne tentez point le sort ;
Le vent nous manque, & le navire
N'ira pas à bon port.
Je sens qu'Amour voudroit me dire
Que Clarice a beaucoup d'attraits.
Hein... quoi ?... oui... mais...
Allons, mon cœur, la Paix, la Paix.

Jugez de cette bagatelle
Seulement par le cœur,
Et ne nous faites point querelle.
Partagez notre ardeur.
Vous le sentez ; c'est notre zèle
Qui peint l'amour de tout François.
Et Paix,
Messieurs, la Paix.

www.ingramcontent.com/pod-product-compliance
Lightning Source LLC
Chambersburg PA
CBHW060520050426
42451CB00009B/1085